（注）

　未来や他人の心を覗きたくない人は、絶対にこの本を開かないでください。

はじめに
こちらの世界へ
ようこそ

この本を手に取っていただき、
ありがとうございます。
霊視芸人のシークエンスはやとも
と申します。

はじめましての方も
そうでもない方も、
このページを
読んでいるということは
どうやら霊視能力を
身につける覚悟が決まったようですね。

え？　そもそも霊視能力なんて
身につけることができるのかって？
そう思うのも分かります。
だけど、これだけは言いたい。

実は、霊視能力を
持っていない方は
存在しません。

それに、大なり小なり、
人は日常生活において、
「霊視能力」を当たり前のように
使っているんですよね。

誰でも霊視しながら
毎日を生きている

例えば、目の前にいる人を見て、
「なんだかあの人、機嫌が悪そうだな」とか、
「なんだかあの人、楽しそうだな」とか、
そういった人がまとう雰囲気が
分かる瞬間ってありませんか？

それ、
実は霊視能力です！
もう少し馴染みのある
言葉で言うと
第六感です！

僕たち、いわゆる霊能者たちが
使っている能力は、先ほどの
「人の気持ちがなんとなく分かる」
という現象をさらに
鍛え上げた結果にしか過ぎません。

「自転車に乗る」という行為も、
最初は、不可能に思えましたよね。
だけど、進める距離が1mになり、
5mになり、そして、練習の結果、
隣町まで漕げるようになったはずです。

そう、最初からできるわけではなかった。
今、みなさんがいらっしゃるのが、
自転車の話で言う「1mなら漕げる」
という状態です。

自分のアンテナが
ビンビンに立つ本

この本では、これから、
霊視能力を鍛えるトレーニングを
実践いただきます。

ただ、そう言うと必ず、
「霊視ができるようになると、
幽霊が視えたりして怖いから嫌だ！」
とおっしゃる方がいます。

大丈夫です。正直、霊を視ることが
この本の目的ではないですし、
そこまでの霊能力が開いてしまう方は
ほとんどいないでしょう。

この本は、
要は自分の「感度」を上げるための
本だと思ってください。

言うなれば、アンテナが ビンビンに立つ本です。

地下 10 階でスマホを使うのと、
地上でスマホを使うのでは、
電波の受け取り方が変わりますよね。

多くの人は自分の感度が低すぎて、
地下 10 階で生活しているようなものです。
そう！　はっきり言って感度が低いんです。

そんなみなさんに僕が考えたとっておきの方法で
地上にまで上がってきてもらいます。
するとこれまで視えなかったものや
聴こえなかったことが
受け取れるようになります。

霊視ができると、
生きやすくなる

具体的に言うと、霊視ができるようになると、
アイデアがひらめく頻度が上がったり、
相手の気持ちが分かるようになったり、
少し先の未来のことがなぜか視えたり、
良いことずくめです！

視覚、聴覚、嗅覚、触覚、味覚、
そんな五感の次に
あるのが、超感覚（第六感）。

何度も言うように、もともと持っている
その超感覚をみなさんは、
この本によって開くだけです。

そんな超感覚＝霊視ができるようになると、圧倒的に生きやすくなります。

なぜなら、「霊視ができない状態」とは、
障害物リレーに出ているのに、
障害物がどこにあるのか、
分からない状態を指すからです。

わざわざ行かないほうがいい場所や、
わざわざ近づかないほうがいい人に、
わざわざ近づいて、
「なんでこんな災いが起きるのー！」
と多くの人が叫んでいるんです。

芸人が書いた単なるネタ本なのか？
それとも、人間の無限の可能性の扉を開く
奇跡の本なのか？
それはぜひ、みなさんの目で確かめてください。

霊視ができるように
なった人の声

1 五感のトレーニングをしたら、ビニール傘を買う頻度がぐっと減りました！ **出かける前になんとなく今日降るかもって分かるようになったんです。**（20代・女性）

2 **相手が言われたくないことをなんとなく察せるように**なって、これまでみたいに地雷を踏むことがなくなりました。なんかいい感じかも。　　　　　（40代・女性）

3 **賞品がかかったじゃんけん大会で、なんと優勝してし**まいました……。霊視ってこんなことにも使えるんですね。びっくりです。　　　　　　　　（20代・女性）

4 **この道はヤバいぞ、とか、騒いじゃいけない場所だ****ぞっていうのを感じるように。**もし霊視できなかったらと思うと怖いです。　　　　　　　（30代・男性）

5

霊視できるようになって、なぜか**駐車場を探さなくてよくなりました**。停めようと思えば停められるようになったんです。　　　　　　　　（40代・男性）

6

子どもがなんで泣いてるのかがピンとくるようになって、泣き出した時のストレスが減りました。どうしたら泣き止むかすぐに分かります。

（40代・女性）

7

他人が自分に好意があるのか敵意があるのか、はっきりと分かるから対応がめっちゃ楽に。相手の気持ちをいろいろ考えなくていいから無駄に脳のリソースを喰うこともなくなりました。　　　　　　　（50代・男性）

8

自分の状態も繊細に感じることができるから、無理しなくなりました。**限界まで溜め込んだり頑張りすぎたりすることもなくなって、最近安定**したね〜って言われるように。　　　　　　　　　（50代・女性）

さあ、僕と
新しい世界
視にいきま

一緒に、
を
しょう。

霊視が

視えた、

聴こえたの声、

ゾクゾク！

ように

できる

なる本

霊視芸人 シークエンスはやとも

霊視ができるようになる本
CONTENTS

第 0 章

僕の霊視ヒストリー

My psychic history.

第1章 霊視は誰にでも できるようになる!

Anyone can have psychic vision.

第2章 霊視の入口 「五感」を鍛える

Train your five senses,
which are the gateway to spiritual vision.

第 **3** 章 霊視能力を引き上げる
「3つの力」

Three powers to improve your psychic ability.

第 **4** 章

5大最終奥義の伝授

Teaching the five final mysteries.

第 **5** 章

霊視能力をビンビンに
鍛える習慣術

Habits to sharpen your psychic ability.

第 6 章

霊視的に見て、
幸せとは何か?

What is happiness from a spiritual perspective?

あなたのアンテナはどれくらい立ってる？

霊視能力（超感覚）チェックリスト

- [ ] 悩んでいる人といると疲れる

- [ ] 人混みが苦手

- [ ] 直感が鋭い

- [ ] 犬によく吠えられる

- [ ] 休日に田舎に行きたくなる

- [ ] 1時間後の天気が分かる時がある

- [ ] 川、海、湖で、「湖」が好き

- [ ] 山によく拝みたくなる

- [ ] 頭の中で自問自答すると
      胸の奥から答えが返ってくる

- [ ] 予知夢を見ることがある

あなたの今の霊視能力を以下の

チェックリストによって測ってみましょう。

高ければ高いほど、

あなたの超感覚は開きかかっています！

□ 心霊写真が撮れたことがある

□ 入りたくない場所や、
　気分の悪くなる場所がよくある

□ 高いところが好き

□ 眠る時に見る夢がフルカラー

□ 事故や病気で
　死にかけたことがある

チェックが**0〜3**個の人は、霊視能力 ……… 低

チェックが**4〜6**個の人は、霊視能力 ……… 中

チェックが**7〜9**個の人は、霊視能力 ……… 高

チェックが**10**個以上の人は、霊視能力 ……… 超高

最初の練習!
カーテン
チャレンジ

風の方向から
予測するに、
次のカーテンの
動きは……

あなたの超感覚を

簡単に試すことができる実験です。

ぜひご自身の「未来を視る目」が

どれくらいあるかお試しください！

▶ やり方

1. 家の中でカーテンのある窓を開ける

2. カーテンをじっと見つめて、カーテンが次にどんなふうに揺らぐか、予測を立てる

3. 自分の予測とカーテンの揺らぎが一致したらゴール

▶ 解答例

嘘みたいな本当の話、練習を重ねていると、びっくりするくらいカーテンの揺らぎが分かるようになってきます。まずは1週間続けてみて！

第0章

僕の霊視ヒストリー

My psychic history.

My psychic history.

え？ 視えるのって、
当たり前じゃないの？

　僕が視えるようになったのは、小3の時。自宅の向かいの高層ビルから出てきたスキンヘッドのおじちゃんが、もう1人のおじちゃんに刺されるのをベランダから見てしまったのがきっかけ。そのおじちゃんはメッタ刺しにされていて仰向けの姿勢で最期を迎えたんですけど、事切れるその瞬間に目があったのが僕でした……。

　その日は布団に入っても目を閉じるとその時の情景が浮かんで、胸がドクドクして怖くて怖くて眠れなくて、夜中に「うわあっ」て叫んで目を開いたら、殺されたはずのスキンヘッドのおじちゃんの首だけが、僕の顔の真ん前にありました。

「え、おじちゃん、さっき殺されたはずなのになんで？」

「あ、そっか幽霊なのか！」って。

　人間って絶対ありえないことが起こると、案外冷静に頭が回るものなんですね。

　その後、おじちゃんの首は寝ても覚めても僕の肩についたままで、真顔でじっと睨んできます。でも僕もその状態にだんだん慣れ

てきて。１週間ぐらい経ったある日、父親に突然「お前、それ、自分で取れないのか？」って聞かれて、そこで初めて親父も霊が視えることを知りました。

　僕には、死霊はおじちゃんの首みたいにそのままの形ではっきり視えて、

生き霊は砂鉄みたいに モノクロの粒に視えてます。

　それからだんだんと学校でも、生き霊の変化で誰が誰にいじめられてるとか、誰が誰を好きなのかとかも分かるように。当時、僕が好きだった子が、クラスのガキ大将に思いを寄せているのも分かっちゃって、告白する前に泣く泣くあきらめました。

　中学生後半ぐらいになると、友達カップルの生き霊がお互いにべたーっとへばりつくような感じを何度も視るようになりました。要は身体の関係を持ったということです。そんなふうに「あぁこいつらはもう大人の一線を越えたのか……」とかも分かるようになってましたね。

　大学生になって自分の彼女が他の男子と……ってのが視えちゃった時は、正直勘弁してくれって思いました。

　今でも、不倫関係の２人なんかはお互いの生き霊を視ると、すぐに視えます。

あまりの的中率に、楽屋に芸人の行列が！

　生き霊が視えると、日常のいろんなことが分かります。例えば、僕の場合、劇場でその日のネタがウケるかスベるか。これはもう百発百中分かります。なんでかっていうと、舞台袖からこっそりお客さんの生き霊を見ると、僕がウケる日とスベる日の生き霊の雰囲気が100％違うから。

　最初は気のせいかなって思ってたんですけど、スベる日はどんなに全力でやっても、どうしてもウケない……。ウケる日は（だからって手は抜かないですけど）必ずウケる。

　視えちゃうだけに、スベる舞台に上がるのは、とんでもなくしんどいです……。

あと、これから売れる芸人も分かります。

　芸人が売れるか・売れないかを見分ける方法は1つ。良い生き霊がどれくらいついているか。これから売れる人ほど、その人にぽ～っと白っぽく視える生き霊がたくさんついています。良い生き霊が

たくさんついているってことは、それだけたくさんの人に応援されているってこと。

実は、劇場に集まった大勢の芸人から、「これから売れる人」を的中させたことが、芸人たちの間で「こいつ本当に視えてる！」って噂に火をつけるきっかけになりました。

さらにダイタクの吉本大さんが先輩芸人にも話してくれて「俺も視て！　俺も視て！」って、僕の楽屋の前に霊視待ちの行列ができるほどに！

今でこそ、僕は霊視ができることをオープンにしていますが、小さい頃から誰にも話したことはなくて、むしろ霊視能力のことを知られたら芸人でいられなくなるとすら思っていました。だって「霊が視える！」って本気で言ってる人がやるお笑いって、微妙じゃないですか。

でも、こんな形で僕の霊視能力が話題になって、霊視を面白がってもらえたことがきっかけで、『ホンマでっか!?TV』の"霊見えすぎ芸人"に呼ばれることになり、お茶の間でも受け入れられることになりました。

自分の生き霊は自分では視えないんですけど、こんなふうに、たくさんの後押しを受けて今があるんで、僕にもきっと良い生き霊がついてるんだろうなって思ってます。

My psychic history.

九死に一生！
直感の声が僕の命を救った！

　芸人として駆け出しの頃、宅配ピザのアルバイトをしていた僕。そんなある日、大雪に見舞われました。それでも、もちろんお店は休みになりません。いや、それどころか悪天候になると、ピザの発注ってめちゃくちゃ増えるんです。

　道路はみるみる雪道になって、ツルツルに……。憂鬱な気持ちで、注文先へと向かいました。不思議なことが起こったのは、細心の注意を払い、なんとかピザを届けた帰り道のこと。その注文先の住宅街には、いつ車や人が曲がり角から飛び出してきてもおかしくない「魔の坂道」がありました。その日はそこに雪が足されているわけですから、魔力がさらに強くなっています。

　恐る恐るその坂道を下っている最中のこと。

ふと「左に曲がれ」っていう
小さな声が腹の底から聞こえたんです。

　最初は気のせいかな、って思ったんですが、そのまま走っていると、さっきより強めに「左に曲がれ！」って声が。

　「いやいや、こんな滑りやすい状況で急に曲がったら100％コケる

し！」って、最初はその声を無視していた僕。だけど、なんだかだんだん胸がドキドキしてくるし、その声も、

「左に曲がれ！」「左に曲がれ！」「左に曲がれ‼」って、音量が大きくなってくるんです。

　最後の方はもう叫び声に近い感じで訴えかけてくるので、流石に僕も、

（これはやばいやつだ、ただごとじゃないぞ）

って、覚悟を決めて転ぶ覚悟でハンドルを左に切りました。

　結果はもちろん大転倒。

　だけど次の瞬間、転んでいる僕の目の前を猛スピードのトラックがものすごい音で通り過ぎていきました……。

　あのまま直進していたら、あのでっかいトラックの下敷きになっていたかも。そう思うと、一瞬身体の痛みを忘れてしまうほど、血の気が引きました。

　トラックが出てくる直前に気づいて急ブレーキをかけていたとしても、雪道で下り坂のあの状況では止まりきれず、僕はトラックにすごい勢いで突っ込んでいたと思います。

　だから「左に曲がれ」が、全ての状況をひっくるめて、"最善"だったんです。

　もしあの時、あの腹の底から聞こえてくる叫び声に従わなかったら、僕は今、確実にここにはいなかったでしょう。

　これが僕が視えないものを感じ取る力（超感覚）によって救われた一番の思い出です。

第 1 章

霊視は
誰にでも
できるように
なる！

Anyone can have

psychic vision.

霊視能力は、あなたの中にも100%存在する!

　霊視能力や霊感っていうと"選ばれし者の特殊能力"だと思われがちですが、実はそんなことありません。

　例えば、"はじめまして"の人と話している時に、ふと「もしかしたら退屈してる?」と感じたり、友人や会社の同僚に「なんか良いことあったのかな?」と思ったりすることありませんか。

　相手が気持ちを声に出しているわけじゃないのに、なんとなく"雰囲気"で分かる。こういった言葉になってない、見えないものを視る力が霊視能力です。

　そして、"雰囲気"という見えないものを視ているのは、僕らの視覚・聴覚・触覚・味覚・嗅覚の五感です。

　表情を視覚で捉え、返答の声のトーンを聴覚でキャッチ……などを始めとして、その場の雰囲気を感じ取る時に、僕たちは無意識に感覚をフル稼働させています。

　例えば、人ってストレスを感じると体臭がキツくなるんです。「この人の話、つまんないな〜」って感じるとそれがストレスにな

って、微妙に相手の体臭が変わります。超感覚が使える人は、そんな微妙なにおいの変化までを無意識に捉えているんですよね。

あと、家族といるとなんとなく「落ち着くな〜」っていうのも、実は超感覚の仕業。シャンプーや洗剤や、食べものが同じで、だんだん体臭も同じになってくる。すると、違うにおいがする人と過ごすよりも、ストレスがなく過ごせます。それで、落ち着くな〜ってなるわけです。

霊視能力は、相手が言葉以外で醸している「見えないもの」を視ること。

そして、みんな多かれ少なかれこの霊視能力を持っています。

詳しくはこの後たっぷりお話ししていきますが、霊視能力（超感覚）を開く方法は、見えないもの1つひとつを感じ取る感覚（五感）を鍛えること。

電波を受け取るアンテナを鍛えるようなイメージです。

こうして、アンテナが鍛えられると、超感覚が使いこなせるようになります。

では、そもそもなぜ多くの人の感覚は鈍ってしまったのでしょうか？　それには深い理由があるんです。

霊視能力を使える人、使えない人の差

　なぜ多くの人が超感覚を使えなくなったのか。その原因について僕は、現代人は「文字」に依存し過ぎているせいだと考えています。それがどういうことかが分かる簡単なテストをしてみましょう。

Q. 以下の漢字は何色ですか？

　「黒」と答えた人。おめでとうございます！　あなたは「文字」に囚われず、超感覚を使いこなしている可能性が高い人だと言えます！

　逆に「白」と答えた人は、もしかしたら感覚が鈍っているかもしれません。なぜなら、文字情報としては確かに「白」なのですが、この文字の色はどこからどう見ても「黒色」です。世界を「文字情報」で認識し過ぎだということです。

　「言葉」にはもともと、"間"や"音"があります。本来言葉はそ

ういった“間”や“音”を含む3Dなんです。ですが、現代人の暮らしを見るとどうでしょう。動画には必ずテロップが付けられ、映画などにおいても心情は全てセリフ化される。こんなふうに僕らが日々触れるものは、すぐ分かる・すぐ受け取れるものばかりになりました。それにより、今や「言葉」は「文字」となり、2D化してしまいました。

言葉の全ては文字では表せません。

例えば「あんたなんか、大っ嫌い！」という文字をそのまま読んだら、確かに「嫌い」です。けれど、言葉にした途端どうでしょう。無数のパターン「あんたなんか、大っ嫌い！」が生まれます。極端に言えば、その中には「(**本当は好きなんだけどね**)」の意味を含んでいるものもあります。

その「(　　　　　)」の中を読み取るのが超感覚なのに、今、多くの人は、他人の言葉を2次元（文字情報のみ）で聞き取っている。そういうわけで、本来誰もが持っているはずの五感はどんどん鈍り、目に見えない言葉の奥行きが捉えられなくなってしまったのです。

Anyone can have psychic vision.

聖徳太子やダ・ヴィンチに備わっていた「霊視能力」

　大昔の偉人と呼ばれる人たちの中には、超感覚で未来予知までしている人が結構たくさんいます！

　例えば、一度に10人もの声を聞き分けられたという伝説で有名な聖徳太子は、後に起こる「承久の乱」を予言しています。また、レオナルド・ダ・ヴィンチは、機関銃や飛行機、パラシュートなど、当時は誰も想像すらできなかったもののデザイン画を数多く残しています。

　さらに『ドラえもん』の秘密道具も、約2000個のうち技術の進化ですでに40個近くも実現してるんだとか！　これも、藤子・F・不二雄先生の超感覚を使った未来予知と言えるでしょう。

　そして、実は僕の周りにも「超感覚を使いこなしているな〜！」と感じる人がたくさんいます。

それは、スナックのママさんとか、いわゆる昭和・平成のプレイボーイと呼ばれる人たち。

　なんといっても、相手の意思を汲み取るスピードが驚くほど速く

て正確です。この人たちは、僕よりもよっぽど霊視の達人……！

　相手が何を言って欲しいのか、どうして欲しいのかが分かる。あれは完全に、超感覚で相手の言葉の奥にある「見えないもの」を視ていますね……。

　これまで桁違いの人数と真剣に向き合ってきた人生経験が、五感を鍛え上げ、その先にある超感覚が開いたのでしょう。

　あと、言葉に依存しない動物たちはやっぱり超感覚が鋭い！

　犬や猫って、一緒に暮らす人間の様子を敏感に察知したり、危険だと感じると一目散に逃げたり、または、飼い主が家に入る前から吠えたり、完全に多くの人間には見えないものが視えていると言えます。

　なぜって、動物はただぼんやり生きている人間よりもずっとずっと生きることに真剣で、ご飯を食べる時も排泄をする時も、全力！それが五感を鍛えることにつながって「言葉・文字」に依存している人間には見えないものが視えているんだと思います。

Anyone can have psychic vision.

能力が開くと、奇跡体験が、当たり前のように起こりだす！

　僕が超感覚を使えるようになって良かったと思う最大のメリットは、不思議なくらい「全方向から好かれるようになったこと」。

　人は「他人に認められたい！」とか、「あの人たちの輪に入りたい！」とか、そんな気持ちから無理に背伸びしたり、勉強したり、社会に溶けこもうとしたりします。でも、超感覚が使えるようになると、その"無理"をしなくてもよくなるんです。例えば、スナックのママさんや昭和・平成のプレイボーイが良い例で、超感覚を使えると相手の求めているものが分かり、それを与えられるようになるから、自然と人が寄ってくるようになります。

　超感覚が使えるレベルまで五感を鍛え上げるとその人が纏うオーラも上がっていき、すごく魅力的な存在として、生きているだけで周りに求められるようになるんです。

　実は僕も生きているだけで、自然に必要な場所に呼ばれるようになったし、必要な人との出会いが訪れるようになりました。答えが勝手にやってくるようなイメージです。

なお、これからみなさんに実践いただく五感トレーニング。これにより超感覚の扉が開くと使えるようになる力は、次の5つ。

- ・テレパシー力（人の心を読む力）
- ・透視力（直感力・洞察力）
- ・念力（願望実現力・引き寄せ力）
- ・ヒーリング力（感受性・癒す力）
- ・未来予知力（先見力・発想力）

　これらの超感覚が使えるようになると、危険なことを避けられるようになります。損得勘定でいろいろ考えると危険とチャンスの区別って結構つきにくい。だけど、超感覚を使えるとちゃんと区別がつけられるから。

しかも、超感覚って
使えば使うほど
どんどん鋭くなります。

　なので、結果、なんとなくゆるゆると成功していく。この「ゆるゆると」がポイントで、成功しても注目され過ぎないので、妬まれることもなく、ゆるやかに確実に幸せになっていけるんです。僕はこれが本当の「幸せな生き方」だなって確信しています！

これからの時代は「超感覚」が必須能力

　スマートフォンが一般に普及してから、誰もが片手で膨大な知識を持ち運べるようになりました。

　SNSなど文字の世界では、知識量によるマウントが繰り広げられ、社会ではどれだけ知識を詰め込むことができ、勉強に励んだかを示す最終学歴が重視されています。しかし、これからの時代は、こういった知識を頭に詰め込むこと自体は意味を失っていきます。なぜなら調べたらすぐに分かることだからです。

　では、個人が持つ知識量に大差がなくなるこれからの時代の中で、他の人と自分との差はどこになるのか。

**それは、自ずと五感を通して
自分たちが受け取る
「肉体経験値」だけが差を生み出します。**

　これまでの人生で誰とどんなふうに接してきたか？　どれだけ真剣に人と向き合ってきたか？　そんな「肉体経験値」がモノを言わせる世界になるんです。

　例えば恋愛でも、生身の人間100人と真剣に向き合い、自分の五

感を鍛え肉体経験値を高めてきた人ほど、相手の心に届く言葉をかけられるようになるでしょう。

　逆に、肉体を通して体験していない、つまり五感をフル活用せずに入手した言葉は、例え肉体経験値が高い人と同じ"言葉"であっても、どこか浅く相手の心には届かないものです。

　それぐらい五感を鍛えることは大事なんです。

　日本人は世界の中でも「空気を読むのが上手」とされる民族です。また、日本語の音には、1つひとつにきちんと意味があるとされ、戦前までは、「音義学」という「言葉の音そのものの意味を研究する学問」がありました。こんなふうに、音から多くの見えない情報を受け取っていた日本人は、本来超感覚が鋭く、霊視能力が強いと言えます。

「文字」に依存するようになって、超感覚にフタをして、見えないものを無意識にないものとして今を生きる多くの人たちは、超感覚を開けないことにこそ、「苦しさ」を感じているのではないでしょうか。つまり、超感覚を無意識に開きたがっているはずなのです。

　これからの時代に向けて、今こそ超感覚を開くタイミングです！
さあ、それではいよいよ次の章から、具体的なトレーニングに入っていきましょう。

霊視の入口
「五感」を
鍛える

Train your five senses,
which are the gateway to
spiritual vision.

Train your five senses, which are the gateway to spiritual vision.

五感全てが「ON」になった時、超感覚の扉が開く

　超感覚の扉を開く条件。それは、五感全ての機能を元通りにし、一斉にスイッチを「ON」の状態にすること。スマートフォンの普及で視覚優位となった現代。そのせいで僕たちは視覚以外の機能を「OFF」にしていることが多いと言えます。そこでここからはそんな五感をフルに使えるようになるトレーニングを積んでもらいます。みなさんに本来備わった野生の力を蘇らせていきましょう。

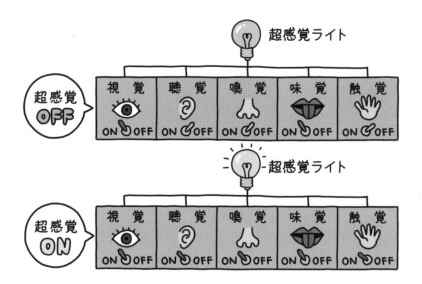

▶ 五感トレーニングのために用意するもの

1. 透明のコップ　　**2.** 水　　**3.** 水に浮く葉っぱ

1. 透明のコップに水を入れる

2. 透明のコップに葉っぱを浮かべる

第2章　霊視の入口「五感」を鍛える

049

02

Train your five senses, which are the gateway to spiritual vision.

「視覚」で世界を視る

葉っぱの変化を
観察せよ！

POINT

葉っぱを見てはいけない！ 全体を見よう！ 当てられなくても見ようとするだけで、視覚は鍛えられます。

▶ **やり方**

1. 水に浮かんだ葉っぱをぽんやりと眺める
2. 1秒先の葉っぱの動きを予測する
3. 予測した未来と、現実を答え合わせする
4. 5回中、3回以上未来を当てられるようになったら達人の域

「視覚」は僕らの日常生活で最も頻繁に使っている感覚です。とある科学機関の調査によると、人は情報の80％を「視覚」から得ているとも言われています。「暗い場所が怖い」というのは、それだけ人間が「視覚」に頼って日常生活を送っていることの証拠なのでしょう。暗闇ってあらゆる「視覚情報」が遮断されますからね。

さて、それではそんな、誰もが普段使いしている「視覚」を「鍛える」というのは何を意味するのでしょうか。

それは、「ちょっと先の未来を視る力を鍛える」ということです。

例えば、ガラスのコップが机から落ちそうになった時、奇跡的に手が出て、落下を阻止できた！　という経験がみなさんにも一度はあると思います。あれって要は、コップの「ちょっと先の未来」が視えているんですよね。

ここでは、そんな特別な「視覚」を鍛えるトレーニングを行います。

具体的に言うと、コップに浮かんだ葉っぱのちょっと先の未来の動きを視るトレーニングです！

ポイントは葉っぱを含めた空間全体を見ること。ぼんやり眺めて、葉っぱに影響を与える空気の動きを見るんです。僕は視覚を鍛えた結果、手品が楽しめなくなっちゃいました……。次にどんなことが起こるか分かるようになっちゃったから……。

「聴覚」で世界を視る

葉っぱがゆらゆら
揺れる音を聴け！

POINT

葉っぱの動きに影響を
及ぼす全ての音に耳を
澄まそう！ 音を捉え
られなくても聴こうと
するだけで、聴覚は鍛
えられます。

▶ **やり方**

1. 目をつぶり、「葉っぱの動き」に耳を澄ませる
2. 「葉っぱの動き」を創る全ての動きに耳を澄ませる
3. 「葉っぱの動き」に影響を及ぼしている音を5個以上捉えられた
   ら達人の域

どれだけ賑やかな場所でも、「自分の名前」を呼ばれると、「あれ？　誰か呼んだ!?」と、その声に気づけることがありますよね。

一方で、何かに過集中すると、家族の声すら気づけなくなって、「どうして無視するのよ！」という怒鳴り声で無視していたことを自覚する……なんていうことも。

それくらい僕たちって、この世界から聞きたい「音」だけを抽出して、聞いています。これは聞きたくないものを聞かなくて良い便利な機能とも言えますが、「聴覚をフルに使えている状態か？」と言われると、そうではありません。前章でも登場しましたが、きっと聖徳太子であれば、現代のファミリーレストランに家族と行ったとしても、家族の話をしっかり聞きながら、周囲の会話も聞き取ることができたでしょう。

そんな聴覚の本来の力を呼び覚ますトレーニングは、「空間を創る音を聴く」です。

コップに浮かんだ葉っぱが揺れているのは、その葉っぱが置かれた空間が創り出している現象です。エアコン、空気清浄機、人の動き……そういった、「葉っぱの微細な動き」を創る音を、耳で感じてみましょう。世界にはこんなにもたくさんの音が存在していたのかと感動できるはずです。

「嗅覚」で世界を視る

においはあらゆる
真実を語る

POINT

においで葉っぱの今の状態を感じよう！ 分からなくても、嗅ぎ当てようとするだけで、嗅覚は鍛えられます。

▶ やり方
1. 水に浮かぶ葉っぱの全体をくまなく嗅ぐ
2. 若くて青くさい部分や、枯れかかっている部分など、葉っぱの状態を嗅ぎわける
3. 枯れかかっていると思う部分が、数日後本当に枯れたら達人の域

ストレスを強烈に感じた時に、自分の身体から「ネギのにおい」がしたことはありませんか？

　実は、命あるものは全て、"におい"を放出しています。そして、びっくりすることに、その命の「状態」と「におい」には、密接な関係があります。例えば、春に生まれた新緑の葉っぱと、秋になり落ち葉として今にも地面に落ちそうな葉っぱでは、においが違うのは当然ですよね。

　そう考えると、当たり前と言えるかもしれませんが、僕たち人間も、その時々の状態によって、においが変わります。

　機嫌が悪いにおい、風邪を引いているにおい、ストレスを感じているにおい……。そんなふうに、「におい」によって、その人の状態が分かるんです。僕は朝起きて「おはよう」と言う前に、その日の妻の機嫌や不調が分かるようになりました。

　刑事ドラマの「なんかにおうぞ……」っていうセリフ、あれはあながち嘘じゃなくて、容疑者だけが違うにおいを発しているのかもしれませんね。さて、ここではそんな「におい」の感覚を研ぎ澄ますトレーニングを実践いただきます。「におい」を接点にしながら水に浮く葉っぱと会話をしてみてください。

「におい」は葉っぱのあらゆる状態を語るバロメーターであることが分かるはず。

「味覚」で世界を視る

　僕たちは生まれてこの方、「無味の世界」というのを体験したことがありません。なぜなら、口の中に何も含んでいない時でも、そこには絶えず唾液があり、本来僕らはその唾液をずっと味わっているからです。もっと言えば、何かを食べて「何も味がしない……」とおっしゃる方がいますが、これもありえないということです。そこには必ず、何かしらの「味」が存在します。それでも、「無味」がある気がするのは、それだけ「味覚」に対して無自覚だからです。

　常に使っているのにちゃんと使えていないこの「味覚」を鍛えることで、目に見えない変化にも気づけるようになります。騙されたと思って、数日間、「白湯」を飲んでみてください。白湯って実は、自分の健康状態によって味がコロコロ変わるんです！

　そんな「味覚」を鍛えるトレーニングは……、

　葉っぱと交わったことによって、

水の甘味、塩味、酸味、苦味、うま味＝5つの基本味にどんな変化が起きたかを視ることです。

STEP 1

POINT

5つの基本味にどんな変化が起きたかを舌で感じ取ろう！ 分からなくても、味を突き止めようとするだけで、味覚は鍛えられます。

STEP 2

味がないように思えても、そこには絶対、味がある！

▶ やり方

1. 葉っぱを浮かべる前の水をひとくち含み、「5つの基本味」である甘味、塩味、酸味、苦味、うま味を10段階で数値化してみる（STEP 1）

2. 葉っぱが浮かんでいる水から葉っぱを取り出し、水をひとくち含む（STEP 2）

3. 葉っぱを入れる前と入れた後の「5つの基本味」の違いを感じ取ってみる

4. 味の変化を数値化できたら達人の域

「触覚」で世界を視る

肌は「人体最大の臓器」と呼ばれています。

　成人ともなると、肌全体を1枚に広げるとなんと畳1枚分に及ぶとか。重さも皮下組織を含めると体重の16%にも上ります。そして、"触覚"と言えば、手で触れることをイメージしがちですが、本来は肌に触れる全ての感覚のことを言います。つまり……触覚は、視覚、聴覚、嗅覚、味覚に比べて、実にセンサーの面積が多い感覚なのです。だからこそ、身体のあちこちに存在する触覚を鋭くすることは最難関であり、最後の砦だと言えるでしょう。

　そんな触覚が特に優れているのは、スポーツ選手。これは、ある空手家から聞いた話です。その空手家は、相手と肌が触れただけで、どれだけの手練かが分かるらしいです。厳しい練習を重ね、肉体を鍛え上げた賜物なのでしょう。また、肌に触れる空気の湿度によって、1時間後の天気を当ててしまうヨガの達人もいらっしゃいます。ここでは、そんな五感の中でも最も大きな機能を占める「触覚」を鍛えるトレーニングを行っていただきます。やっていただくのは、肌を通して行う「葉っぱ」との会話です。

STEP 1

POINT

最終トレーニング！肌を通して葉っぱとコミュニケーション！葉っぱの声が聞こえなくても、聞こうとするだけで触覚は鍛えられます。

STEP 2

肌を通して、コミュニケーション！

▶ やり方

1. 葉っぱに手をかざし、頭の中で「こんにちは」と挨拶をする（STEP 1）

2. 実際に、葉っぱに手で触れ、指を通して、葉っぱに「どこから来たの？」「何歳？」など、質問をしてみる（STEP 2）

3. 葉っぱから指を通して、何かしらの返事が返ってきたら達人の域

第3章

霊視能力を
引き上げる
「3つの力」

Three powers to improve your psychic ability.

あなたは"すでに"視えています!

　ここまでの章で「五感」によって世界を視るトレーニングをやってきたわけですが……すでに世界の見え方が変わった実感を得ている人も多いのではないでしょうか⁉　それこそ、今までであれば全く気がつかなかった周囲の人の微細な表情の変化が目についたり、これまでは耳に入ってこなかった会話が聞こえたり、もしくは、壁の向こうにいる人の気配を感じ取ったりしている方なんかもいらっしゃるかもしれません。

　トレーニングの成果が感じられない人は、試しにスクランブル交差点やラッシュアワー時の駅など、「人がたくさん集まる場所」に行き、早歩きをしてみてください。

　するとびっくり。「行き交う人の動き」が五感を通して視えるようになっているはず。それにより誰かにぶつかることなく、スススッと早歩きで前に進めることが実感できるかと思います。

　さらに、食事会や飲み会など大人数の集まりで"自分のストレス値"を感じてみてください。これもトレーニング前に比べて、驚くほどストレス値が下がっていることに気づくはずです。

それもそのはず。五感が開くと、目の前の人に対して、無駄な期待をしなくなるからです。

　というのも大抵の場合、他人にイライラするのは、相手が自分の期待に応えてくれない時です。自分勝手な話ですけど、僕たちは無意識に「きっと相手は、こうしてくれるだろう」と期待をしているんですよね。ところが、超感覚を開いた今、目の前にいる人が、どんな状態か分かるようになっています。

　「機嫌が悪そうな人」に、わざわざ場を盛り上げて欲しいだなんて期待をする人はいませんよね。「落ち込んでいる人」に、自分の人生相談に乗ってもらおうなんてこともしないはずなんです。

　そうやって、相手との適切な距離感が分かるようになるので、良好な人間関係が築けるようになっているというわけです。

　また、逆に言えば、「これくらいならやってくれるだろうな」っていうラインも、自然と分かるようになるので、大抵の期待は応えてもらえるようになります。

　とにかく今のあなたは、もうすでにこれまで視えなかったものが視えるようになっているはずです。

　しかし、五感を鍛えたあなたにさらに身につけていただきたい3つの力があります。

それが、思考力、想像力、浄化力です。

超感覚を普段使いに落とし込む、3つの力

　五感を鍛えた先にあるのが超感覚。

　そして、その超感覚をテレパシーだったり、未来予知をしたりといった、霊視能力に引き上げるためにはさらに3つの力が必要です。それが、先ほどのページでご紹介した、【思考力・想像力・浄化力】の3つです。

　この3つの力がなぜ必要なのか？　イメージしやすいように、具体例を挙げてみますね。

　例えば、あなたの目の前に、本当はイライラしているけれど、それを隠そうとしている人がいるとします。

　この場合、「超感覚」を身につけたあなたは、相手のイライラを感じ取ることができるようになっています。

　その上で……、

「思考力」により、どうして相手がイライラしているのかを考え、

「想像力」により、どうしたら相手がイライラしなくなるか想像し、

「浄化力」によって、実際に相手のイライラを取り払う（浄化する）ための行動をとる。

こんなふうに、これまで視えなかった現実を「超感覚」で視て、「思考力・想像力・浄化力」で多くの人が視えない現実を変えるアプローチをとっていく。そうすることで、未来予知やテレパシーといった非現実な力が発揮できるようになる、というわけです。ここで紹介した３つの力について、簡単な説明をしておきます。

「**思考力**」は、文字通り「考える力」。僕たちの脳が持っている力です。超感覚で感じ取った相手の状態やビジョンを分析する力とも言えるでしょう。ここでは、どれだけ多くのパターンを考えられるかどうかが問われます。

「**想像力**」は、心が持っている力。脳で分析したあれこれが、これからどうなっていくのかを想像します。相手の立場に立ったり、相手のことを思いやったり、相手を知ろうとする時に役立ちます。

「**浄化力**」は、その問題を浄化するために、自分ができることを実行していく力です。自分には何ができるかを常に考え、実際に行動します。浄化力は魂が持っている力です。

　この３つの力はぜひとも覚えておいてもらいたいので、すぐに復習できるよう、次のページにも要約しておきますね！

03 — Three powers to improve your psychic ability.

思考力・想像力・浄化力が、あなたを助ける

1 思考力 (脳)

超感覚を使って得たビジョンに対して、分析する力。対人関係や、目の前の出来事に対して、バリエーション豊かに分析できればできるほど、思考力は高い。

3 浄化力 (魂)

思考し、想像した、未来の選択肢を行動に移す力。行動の選択肢を実際に行動に移せれば移せるほど、浄化力は高い。別名、未来を創造する力。

2

想像力（心）

未来を想像して、物語を紡ぎ出す力。自分の行動が相手や世界にどんな影響を及ぼすか、その詳細をシミュレーションできるほど、想像力は高い。

Three powers to improve
your psychic ability.

思考力とは、
「なぜ?(Why?)」を考える力

　人間はいつも何かを考え続けています。

「何も考えるな!」と言われても、結局人は、「どうしたら何も考えないでいられるんだろう?」と考えてしまう生き物なのです。それこそ人は1日で6万回もの思考を繰り返す生き物だと言われています。

　では、なぜ人はこんなに多くの思考を1日の中でしているのかと言えば、小難しい言い方をすると「生き延びるため」というのが1つの大きな理由と言えるでしょう。例えば、お腹がぺこぺこな状態で、崖の向こう側に、ラーメン屋があったとします。この時、思考力＝考える力がないと、人は真っ直ぐにラーメン屋を目指してしまい、崖から落ちてしまうんですよね……。

　人間関係においても、思考力というのは非常に重要な役割を果たしてくれます。

　超感覚で目の前の人の状態が「不機嫌」だとキャッチした場合、そこで「なぜ不機嫌なのか」を考えるのが思考力だからです。

思考力とは「なぜ？（Why?）」を考える力と言い換えてもいいでしょう。

　目の前の相手が不機嫌なのは、暑いのか？　寒いのか？　お腹が空いたからなのか？　体調が悪いからなのか？　家族と喧嘩したからなのか？　給料が低かったからなのか？　……そうやって、「なぜ？（Why ?）」のバリエーションを無限に広げていくこと。これこそが人間関係において、思考が欠かせないポイントになりますし、このバリエーションが1つでも多く捻り出せることこそ思考力が高い証拠となっていくわけです。いわば、思考力とは、"相手のことを考える力"とも言えるでしょう。そう考えると、思考って優しさのために必要な力だと思いませんか!?

　では思考のバリエーションを1つでも多く捻り出すためにはどうしたらいいのでしょうか？　それは、相手や目の前の物事を多面的に捉えることが必須です。固定された一方向から見ているだけでは、バリエーションは広がらないですからね。

　上から視たり、下から視たり、離れて視たり、近づいて視たり、そうやって焦点をいろんなところに当ててみることで、「思考力」は鍛えることができます。

Three powers to improve
your psychic ability.

「思考力」を鍛える トレーニング

考えてみよう!

2人で、 半分こにするには どうする!?

▶やり方

イラストに描かれた「大きいリンゴ」と「小さいリンゴ」を、2人で同じ分量に分ける方法を「5つ以上」挙げる

▶POINT

1つ2つはパッと思いついても、5つは難しいと感じる人も多いはず！ りんごそのものに囚われず、りんごの"価値"を多面的に捉えるのがポイント。

とはいえ、5つ全部挙げられなくても大丈夫。多面的に考えようとすることで思考力は高まります。

▶解答例

それぞれ半分に切って分ける／ジュースにして分ける／リンゴを売って対価を分ける／アップルパイにして分ける／リンゴを土に植えて、実ったりんごを山分けにする、など

想像力とは、
「未来の物語」を作る力

「この演者の中で自分の立ち位置はどこなのか？」

「司会者が自分に求めてることは？」

「次、どんな言葉を選べば盛り上がる？」

　こんなふうに芸人は、舞台の上において未来＝まだ起きていない現実で起きるかもしれないあらゆる可能性を「想像」しています。そういう意味で想像力とは、「未来の物語を作る力」とも言い換えられます。要は「未来予知」です。売れている芸人さんは特にこの未来の物語を捻り出すスピードが半端ではなく、コンマ1秒の速さでやり続けているんですよね……。

　だから芸人さんはみんな、ある側面においては「霊視のプロ」だとすら思います！　未来予知をしちゃっているわけですからね。

　では、芸人さんがやっている「想像」が本当の意味での未来予知だと言えない理由は何かと言うと……、

**その想像（未来予知）が「無意識的」に
起こしているものだからです。**

　いわゆる経験による瞬発力によって「想像」をしているわけで

す。一方で、霊視に使う「想像力」は体系化されています。

STEP1.「超感覚」によって目の前の現実から情報を集める

STEP2.目の前の現実から「思考力」を駆使して「なぜ？（Why？）」を探す

STEP3.それらの「なぜ」から、「想像力」によって解決する方法や新しい未来を作り出す

　ちょうど、こんなふうに。分かりにくいかもしれないので、もう少し具体的なシチュエーションを挙げます。

　例えば、あなたが「この部屋、なんだか暑いな……」と五感で感じ取ったとします（**上記、STEP1**）。その時に思考力を駆使することによって「窓が開いてないからか？」「エアコンの温度が高いのか？」「季節の変わり目が来たから？」と「なぜ？（Why？）」を探し出すことができます（**上記、STEP2**）。

　そして、そこまで来ると、「エアコンの温度を下げようかな？」「窓を開けようかな？」「冷たいものでも飲むか！」と、新しい未来の選択肢が想像できる（**上記、STEP3**）。

　こんなふうに、しっかりと「想像」が体系化できたら、もうそれは立派な未来予知。それではトレーニングによって、そんな「まだない現実」を紡ぎ出してみましょう。

「想像力」を鍛える
トレーニング

想像してみよう!

池の"中"には、何が泳いでいる!?

1. イラストには描かれていない「水の中」に何がいるか、5つ以上
　想像する

2. 思い浮かんだものを左のイラストに描き込む

▶ POINT

　池の周りに実際に立っているつもりで五感を駆使して状況把握。
その上で、「なぜここに池があるの？」「なぜ岩に囲まれている？」
と思考力を駆使して情報を集め、見えないはずの水中を想像してみ
てくださいね。

▶ 解答例

木の陰に魚が隠れている／カエルがスイスイ泳いでいる／金
の斧を持った妖精がいる／古代都市アトランティスが眠って
いる／実は額縁に入った「池の絵」　など

浄化力とは、現実を磨く力

　さて、いよいよ霊視能力を引き上げる３つの力の最後、「浄化力」について。

　浄化力と聞くと、一見、汚れたものを綺麗にする力やネガティブなものを清らかにする力のようなことを想像されるかもしれません。しかし、ここで言う「浄化力」はそのどれとも違います。

浄化力とは、「実際に行動する力」のことです。

　例えば、喧嘩してしまった２人の間にあるモヤモヤを「浄化したい」となった場合を考えてみましょう。この２人が、なぜ喧嘩してしまったのかを考えるのが「思考力」ですよね。そして、どうしたら仲直りできるか、その方法を作り出すのが「想像力」です。その上で、その方法を実際に行動に移し、いざ仲直りに向けて"行動する"のが「浄化力」だというわけです。

　では、「浄化」には、汚れたものを綺麗にする力といった意味は含まれないのか？　と言われれば、それも実は違います。

　ゴツゴツとした岩が、川の流れによって少──しずつ、磨かれてまあるくなっていきますよね。これと同じように、行動すればする

ほど、どれだけ歪な現実も、磨かれて綺麗になっていくんです。つまり、浄化（行動）の結果として、汚れたものは綺麗になり、ネガティブなものは清らかになっていくんです。

これは除霊も一緒で、多くの人は一発で除霊してもらいたがります。だけど、除霊って徐々にしていくものです。

世の中の問題も同じです。どんな問題も、一発で解決できることのほうが少ないですよね。そんなにシンプルではないんです。

だからこそ、いつでも、どんな時でも、すぐに動き出せる自分でいるというのは非常に重要なこと！　自分の思い描いた未来が現実になるかどうかを実験するように、行動＝浄化を何回トライできるかが浄化力を高める最重要課題です。

ではそのために何ができるか。それは、「人生でやったことのないこと」を１つでも減らしていくことです。「やったことがないこと」ほど、人は行動に移すのが億劫になるからです。

浄化力を高めるために、行ったことのない場所を訪れたり、食べたことのないものを食べたり、話したことのない人と話してみたり、「やったことがないこと」に挑戦してみましょう。

もし、そうやって行動を重ねていく中で、超感覚、思考力、想像力を駆使して紡ぎ出した未来が実際に起こり出したら、それはもう霊視能力が開花したといっていいでしょう。

「浄化力」を磨く
トレーニング

やってみよう！

「未体験」を体験して
行動力を上げよう！

▶ やり方

1. 「これまでやったことのないこと」を、ノートに30個書き出して
   みる

2. 1で書き出したものの中から、ハードルの低い順に実践してみる

▶ POINT

「浄化」とは「行動」のこと。よって浄化力は、行動量に比例して
引き上がります。まずはできることから、「やったことのないこと」
をやるべし！

▶ やったことがないことリストの例

いつも行く定食屋で食べたことのないメニューを頼む／訪れ
たことのない都道府県を１つずつ訪れる／外国の人に英語で
話し掛けてみる／いつもは着ない色の洋服で出かけてみる

第**4**章

5大最終奥義
の伝授

Teaching the five

final mysteries.

Teaching the five final mysteries.

いよいよ最終奥義の伝授！
5つのすごい霊視能力

　ここからはいよいよTHE・霊視能力とも言える5つの力を伝授していきます。具体的には、

　1. テレパシー力（コミュニケーション力、読心術）

　2. 透視力（直感力、洞察力）

　3. 念力（願望実現力、引き寄せ力）

　4. ヒーリング力（調和力、祈る力）

　5. 未来予知力（先見力、発想力）

　です。

1つ目、テレパシー力。「テレパシー」とは相手の目を通して相手と意思疎通を図る力のことを言います。それくらい実は「目」っていろんなことを語ってしまっているんですよね。

2つ目は、透視力。「透視能力」は表面上のものに惑わされずに、物事の奥にある本質を見抜く力のこと。人間はどんなに表面を取り繕っていても、わずかなサインを通してその奥にある感情が自然と滲み出ています。透視能力は、そのわずかなサインを捉える能

力とも言えるでしょう。

3つ目は、念力。「念力」は夢や願いを実現するために必要な
ものを引き寄せる能力。念力を使えるようになると無理せずとも、
人生がどんどん良い方向に変わっていきます。僕も念力のおかげで
人生全体が様変わりしました。

4つ目は、ヒーリング力。「ヒーリング力」は目の前にいるマ
イナス状態の人を通常の状態（ゼロ位置）に戻す力を言います。こ
の能力は、相手だけじゃなくて自分も幸せな状態でいるために必須
の力です！

5つ目は、未来予知力。未来を察知し、自分の理想に向かっ
て物事を進めるために必要な能力です。未来予知は、迷い込んだ迷
路を空の上から眺める蝶の視点を持つようなもの。イモムシの視点
で見ていたら解決できないことも、解決できる力が手に入ります。

テレパシー力
コミュニケーション力
信頼感・読心術

言葉を使わずとも互いに深く
理解し分かり合える力

ヒーリング力
感受性・調和力
人間関係・祈る力

触れることで情報やエネル
ギーを受けとり調和し一体化
できる力

透視力
直感力・判断力
決断力・洞察力

あらゆる障壁や状況に惑わ
されず物事の本質を見通す
力

念力
願望実現力・勝負強さ
引き寄せ力・独立企業力

夢や願いを実現させるため
に必要な、出会いや情報や
機会を引き寄せる力

未来予知力
先見力・企画力
発想力・危険回避能力

未来を感知し、より優れた理
想を実現する方向へ進める
力

最終奥義1「テレパシー力」
（コミュニケーション力、読心術）

「テレパシー」とは、目線から相手の感情を読み取り相手にも自分が考えていることを伝え、通じ合うことを指します。そう言うと、「なんだか難しそう！」と思われるかもしれません。ですが案外、多くの人が自然とテレパシーで意思疎通を図っていることがあるんですよね。

例えば、突然子どもが飲み物をこぼした時なんかもそう。夫婦間で何の言葉も交わしてないのに、一瞬の目線のやり取りだけで、「それ以上テーブルや床が汚れないようにコップを戻す役割」と「子どもが濡れないように抱っこする役割」の分担が決まる、みたいな経験がありませんか？　あれは、完全に"テレパシー"です。

日本には「目は口ほどに物を言う」ということわざがあったり、漫画やアニメで目のアップ描写が多かったり、「目」は人間にとって立派なコミュニケーションツールなんです。

それでは、これまでの超感覚や思考力、想像力、浄化力を駆使しながら、このテレパシーを実践していきましょう。

STEP 1

POINT

相手の目線から感情を読み取ろう！ 必ず相手の目は「どちらが食べたいか」のヒントを語っている！どんな小さな目線の動きも見逃すな！

STEP 2

あなたが選んだのはりんごですね？

▶やり方

1. 相手の目の前に、「りんご」と「バナナ」を置く（STEP 1）
2. 「今、どちらが食べたいですか？」と尋ね、相手の目を見る
3. 相手の目が語っていたと感じた方を指差し、「あなたが選んだのはりんご（バナナ）ですね？」と聞く（STEP 2）
4. なるべく多くの人で実践して、正解率を上げていく。10人中4人以上、当てられるようになったらテレパシーのプロ！

最終奥義2「透視力」
（直感力、洞察力）

「透視」は、表面に惑わされずに物事の奥にある本質を見抜く能力でしたよね。人間はどんなに隠そうとしても、わずかなサインを通して感情が漏れ出ています。透視能力は、そのわずかなサインを見出す力でもあります。例えば、緊張している人は、肩がすぼんでいたり、呼吸が浅かったりするし、怒っている人は眉間にシワが寄っていたりします。そんなふうに多かれ少なかれ、本人は気づいていないんですが、よく観察すると無数にサインが出ています。身体は感情を語るわけです。

透視能力を磨いていくと、「この人ヤバいな」とか「この家は嫌な感じがする……」みたいに、事前に"ヤバい何か"にも気づけるようにもなります。

透視能力で直感がバンバン的中するようになってくると、最初はちょっと怖いかもしれません。ですが、頭で散々考えて出した答えよりも、直感で選んだ答えの方が結果的に正解だってことが分かってきます。

STEP 1

STEP 2

STEP 3

POINT

ペットボトルの蓋がどこに
転がっていったかを、音や
空気の流れなど「サイン」
を元に透視してみよう！
ピタッと何度も当てられる
ようになったら、透視能力
が開花しはじめています！

キャップが落ちたのは
この辺ですね？

▶ やり方

1. ペットボトルの蓋を用意する（STEP 1）
2. 目を瞑った状態で、ペットボトルの蓋を床に投げる（STEP 2）
3. 目を瞑ったまま、ペットボトルの蓋がどこに転がっているかを
   透視する
4. 「ここだ！」と思ったところを指差し、目を開き、"誤差"を確
   認する。10回中4回以上、ペットボトルの蓋の行き先が当てら
   れたら透視のプロ！（STEP 3）

最終奥義3「念力」
（願望実現力、引き寄せ力）

　僕の経験上、自分の夢や願いをバンバン叶えて成功している人って、1人残らず「念力」を使った"引き寄せ"をしています。では、具体的に何を引き寄せているか。それは「人」です。世の中で起こることの約9割は人間関係から作られているからです。

　そして、その引き寄せループに入る秘訣は、自分が「どんな願望を持っているか」「何が好きで嫌いか」など、「自分の解像度」を上げておくことです。なぜなら、「自分はこういう人間です！」ということが言語化できていないと、人間関係において自分を相手に覚えてもらうためのアピールができないからです。また、自分という人間を言葉にしておくと、人と会うことが自然と億劫ではなくなってくるんですよね。

　僕が念力を使って自分の望みを叶えられるようになったきっかけも、「自分」という身1つで、願望を実現している人たちの話を聞きに会いにいったこと。それだけで、特に何もしてないのに人生は自然と変わっていきます！

このGジャンが好きなんだよなー。なぜなら丈が短めで、色が上品な色落ちの仕方だからブツブツブツブツ…

POINT

雑多な情報が凝縮された雑誌を見ながら、自分の解像度を鮮明にしよう。「なんとなく好き・嫌い」の言語化は案外難しい……！

▶ **やり方**

1. 自分の好きな分野の雑誌を1冊、購入する
2. 雑誌の中から、自分が「好きなもの」と「嫌いなもの」をそれぞれ5位までピックアップ
3. それぞれのどこが好きで、どこが嫌いなのかその理由をノートに書き出す
4. 全てを書き出した上で、スラスラと人に話せるようになったら、念力のプロ！

最終奥義4「ヒーリング力」
（調和力、祈る力）

　僕は、全人類がヒーリング力を手にしたら、世界は平和になると思っています！　なぜなら、ヒーリング力とは、マイナス状態の人を通常の状態まで引き上げる能力のことだから。みんなが周囲の人を幸せにできるようになるということです。

　ただ、ヒーリング力を開花させるためには、まず自分の中にある"倫理観"をぶっ壊す必要があります。倫理観とは制約や裁きのこと。倫理観の数だけ人は物事を厳しく裁いてしまうんです。

　例えば、「夫以外の男性と関係を持ってしまった」と悩んでいる女性がいるとします。この時、「不倫なんてありえない！」というスタンスでは、到底、彼女に寄り添うことは不可能なんです。

　ただし、倫理観を外すことは尋常じゃなく難しいと言えます！ある意味で、倫理観によって、人は理性（社会性）を手に入れているからです。大事なものでもあるんです。ただ、重要なのはバランス。真面目すぎたり、裁きまくる世の中ってつまんないし、窮屈じゃないですか……。では、どうやって不必要な倫理観を外せばいいか。そのコツは、「楽しかった思い出」にあるんですよね。

あの時、ハメを外して楽しかったなぁ

POINT

通学中の買い食いや、会社のズル休みなど、ハメを外した経験って誰もが一度や二度はあるはず。そして、その経験はきっと今のあなたにとっていい思い出なはず。そう！楽しい思い出は大体、倫理観の外側にあります！

▶ やり方

1. これまでの思い出の中から、ハメを外した経験を振り返ってみる

2. ハメを外した頃の自分が映った写真を用意する（スマートフォンで見るのも可）

3. その時の自由な感覚を思い出しながら、現在の自分が「正しさ」や「倫理観」に支配されていないかチェックしてみる

4. 人の相談に乗って、「そんなに真面目に生きなくていいよ」とアドバイスできたら、ヒーリングのプロ！

最終奥義5「未来予知力」
（先見力、発想力）

「未来」を予知するために最も重要な要素。それは実は「過去」に
あります。なぜなら、「過去」をしっかり見ることで、大抵の「未
来」の流れは読めるからです。

　例えば、川の流れで言えば、下流の流れ（未来）って上流（過
去）の時点で決まっているんですよね。激流だった流れが、突然、
穏やかな流れになることなんてありえませんからね。

　1つ先の流れは、1つ前の流れを見ることで、やはり大体読むこ
とができるわけです。

　そう聞くと、「未来予知」のハードルが一気に下がりませんか？

　また、もっと大きな視点で言うと、歴史は繰り返します。実際
に、ファッショントレンドって、過去のものがまた流行することが
日常茶飯事。また株のトレーダーも、過去のデータを分析して現在
の売買に役立てています。

　「過去」を見ることは、「未来」を視ること。「過去」を知っている
と、自ずと自分の「未来」も分かってくるものです。そこで、過去
の自分を元に未来の自分を予知してみましょう。

これからの「自分」のことを最も知っているのは、「過去の自分」です。過去のカレンダーの予定を見ながら、未来の流れを読んでみよう。

過去の流れが
こうだから
未来もきっと
こうなるな

▶ やり方

1. 過去3ヵ月分のスケジュールが書き込まれたカレンダーを用意する
2. 過去の出来事を振り返り、その時の自分の感情などを思い出してみる
3. その上で、過去の自分に想像の中で悩み相談をしてみる
4. 自然と自分の選ぶべき回答が得られれば、未来予知のプロ！

霊視能力を
ビンビンに
鍛える習慣術

Habits to sharpen
your psychic ability.

Habits to sharpen
your psychic ability.

"本当に"ピンときたら 宝くじを買ってみる！

　この本をここまで読んだ人は、宝くじを買おう！　と思わなくなっていると思います。なぜなら、宝くじの当選確率は0.000005％とも言われていて、滅多にピンとくるものではないからです。でも、その果てしなくわずかな"当たる確率"に"本当に"ピンときたら、その時は買ってみてもいいかもしれません。ピンとくる確率がものすごく低いがゆえに、"本当に"ピンときた時は、当たる可能性が高いと考えられます。ただ、１つだけ注意点を付け加えておくと、「一度当たったらその後は買うな！」です。なぜって、一度当たると、勘違いの「ピンとくる」を身体が起こすことがあるからです。

喫茶店は五感や思考力が鍛えられるパワースポット!

喫茶店に入った時、僕はいつも周りの人たちの会話のバリエーションを想像しながら、美味しい珈琲で一息ついています。例えば、僕の席のそばに夫婦らしき男女のカップルがいた場合、今度行く旅行の話をしているのかな？　とか、それとも子どもの進路について話しているのかも？　とか、そんなふうに。1つの条件で多くのバリエーションを考えることができたら、今度は"そもそも夫婦じゃないかも"と条件を変えてまた試してみたり。目線に注目したり、所作・持ち物から人物像を想像してみたり、と、僕にとって喫茶店は無限に五感や思考力が鍛えられちゃうトレーニング場なんです。

第5章　霊視能力をビンビンに鍛える習慣術

きっとアレは・・・・

目覚まし時計より先に五感に起こしてもらう

　寝ているからって、五感が止まっているわけではありません。つまり、自分は無意識だとしても、「朝になったこと」を五感は知っているわけです。そして、五感がフルに働いていれば、目覚ましより先に、起きなければいけない時間に気づけるはずなのです！　もし、7時に起きなければいけない場合、前の晩、五感に語りかけるようにして、「明日、7時より前に起こしてください」と言ってから眠りについてみてください。五感がちゃんと働いている場合、嘘みたいな本当の話、スッと目覚ましより先に起きることができます。実は、僕、この方法でここ最近目覚まし時計を使ってないんですよね。

目覚ましの
時間より
1時間も早く
起きれた！

04

Habits to sharpen
your psychic ability.

五感をフルに働かせて
1時間後の天気を予測する

「1時間後の天気の予測」は、オフになっている五感がないかを確かめるのに、非常に効果的な習慣術。例えば、空や雲の色や動きを見る（視覚）、風の音を聞いたり、音の伝わりからの微妙な違いを聞き分ける（聴覚）、水分を含んだ空気のにおいを嗅いだり・味わったりする（嗅覚・味覚）、湿度の変化を肌にまとわりつく空気で感じる（触覚）。「湿度が上がってきたからそろそろ雨が降りそう」とか「曇っているけど空気が冷たくはないから雨は降らないだろう」とか、五感を複合的に組み合わせて予測することで、1時間後の天気は、結構簡単に的中させることができるようになります。

おや？

雲が増えてきたぞ。これはひと雨くるな

第5章　霊視能力をビンビンに鍛える習慣術

思考・想像・浄化をフル活用して、悩み相談に積極的に乗る!

　他人の悩み相談に積極的に乗ることは、思考力・想像力・浄化力を磨くのにぴったり。人の悩み相談には積極的に乗りましょう! ただし、悩みを聞いていると、ついつい「有効なアドバイスをしなくては!」とか、「悩みを解決してあげたい!」と思ってしまいがちですが、ここではただ話を受け止めることを優先してください。「大丈夫だよ」という気持ちで相手を見つめながら「うんうん」と相槌を打ったり「それは大変だね……」と言葉をかけてあげることで、テレパシーの練習にもなります。悩み相談で一番大事なのは、相手の話をしっかりと聞き、ただ寄り添うことです。

明日起こる出来事を予測して、次の日に答え合わせをする

ニュースサイトや、新聞から、明日起こりそうなニュース（出来事）を予測してみてください。次の日にはすぐに答え合わせができるので、先の流れを読む未来予知能力や透視能力を育むのにぴったりな習慣術です。ただ世間全体の大きな出来事を確実に予測するのは、少し難しいかもしれません。なので、難しい場合は、自分の会社や学校で明日誰々が休みそうとか、お子さんがいれば、明日熱が出そうとか、個人的な範疇の次の日の出来事を予測してみましょう。これであれば、肌感覚で周りと繋がることができていれば、案外できちゃうものです。

Habits to sharpen
your psychic ability.

食べたことのない料理を
五感でゆっくり味わう

　新しいものに出会うことは、五感に刺激を与えるのに非常に有効な習慣。特に、食べたことのない料理を食べてみることは、ダイレクトに味覚・嗅覚が活性化され、未視感の盛り付けを見ることで視覚が、噛んだ時の音を感じることで聴覚が、たちのぼる湯気が頬に当たる感覚や手掴みで食べる料理であれば指先などで触覚も刺激されるでしょう。僕はいつもの定食屋さんで、お気に入りの同じメニューを選びがちなんですが、「なんだか最近、五感が鈍ってきたなぁ……」と感じたら、あえて定番のメニュー以外のものを選んで、全ての五感を使ってゆっくり食べるようにしています。

生き霊・死霊を浄化する、塩風呂のススメ

「なんか、身体が重いなあ」「なんかモヤモヤするなあ」といった、ずっしりした感情を感じる時、もしかすると何かしらの霊に取り憑かれている可能性があります！　そんな気持ちになった時に習慣にして欲しいのが、"塩風呂"に浸かること。海から採れる塩は、今でも神からの恵みであり、神聖なものとして扱われています。魔除けの風習としての盛り塩もその一例ですよね。塩風呂は身体の中に入った毒素を外に出す効果も高く、生き霊・死霊を浄化する効果もあります。たっぷりのお湯に、塩1キロほどをドバドバと入れた塩風呂をお試しください。すっきりするはず。

第5章　霊視能力をビンビンに鍛える習慣術

浄化、
浄化〜♪

SALT

第6章

霊視的に見て、幸せとは何か？

What is happiness from a spiritual perspective?

幸せを追い求める
ラットレースからの抜け出し方

さて、ここまでの内容によって、「見えないけれど確実にこの世界に存在しているもの」がはっきりと目に視えるようになったみなさんに、もう少しだけ「この世の真実」についてお話ししていきたいと思います。具体的に言うと、「幸せ」についてです。

人は誰だって「幸せ」になりたい。

そう思うのは至極、当たり前のことです。

でも、「その幸せってあなたにとってなんですか?」と聞かれた時、あなたはその質問に明確に答えることはできますか?

……きっと多くの方が、言葉を詰まらせたかと思います。そんなふうに即答できないのもそのはず。「幸せ」って、たった1つのカタチがないんですよね。だから、みんなに共通する「幸せ」なんてものはこの世には存在しない。

じゃあ、どうしたら幸せは見つかるのか。

それは「幸せの探し方」を知っておくしか方法はありません。そして、僕はこの世界には2つの「幸せの探し方」が存在すると考え

ています。

1.他人と比べて幸せを探す「相対的な幸せ」
2.自分だけの幸せを探す「絶対的な幸せ」

です。その上で、2つあると言っておきながら恐縮なのですが

……、1つ目の「相対的な幸せ」を探す道を選んだ瞬間、ラットレ

ースに参加することになると僕は考えています。

　なぜなら、他人と比べて幸せかどうかで、自分の幸福度を確かめ

る限り、そこに終わりはないからです。そう、永遠に満たされるこ

とのない、無間地獄に落ちるようなものです。

　これは、「お金」で考えると分かりやすいと言えます。

「あの人よりお金持ちになりたい」という、「相対的な幸せ」を求

める限り、「あの人」よりお金持ちになれたとしても、次はまたも

っとお金を持っている「あの人」と比べてしまい、結局、お金がな

い感覚が抜けない。

　こうして「幸せ」は逃げていくということです。

　この無間地獄から抜け出す方法は、1つ。

　それこそが、自分だけの幸せである「絶対的な幸せ」を探す道を

選ぶことです。

霊視は「絶対的な幸せ」を 手に入れる武器になる

　ちなみに、そもそもな話、お金をたくさん持っている人は、"幸せになりにくい"という仕組みもあるんです。

　僕の知っている飛び抜けた資産を持つ経営者さんは、妻と子どもに住む場所とお金を渡して悠々自適な１人暮らしを送っています。

　妻の他にも恋人がいて、飽きたら別の子、そしてまた飽きたら……と、取っ替え引っ替え。

　一見、羨ましいと思いますよね。でも、本人曰く、虚しさしかないのだとか。彼曰く、お金があると選択の可能性が広がるから、他に"もっと良いものがあるかも"って、ずっと現状に満足できなくなるらしいです。

　一方、こんな経営者さんもいます。その経営者さんは、ものすごい収益を上げて多くの人を支えている素晴らしい方。それなのに、資産に比べると狭いお家にご家族と一緒に住まわれているんです。

　家が狭いと、いつも家族同士顔をつき合わせる状況になるので、家族関係が良くないと家が居心地悪くなってしまいます。

　だからこそ、いつも家族のことを思いやれるようになる。そして

家庭内に幸せが生まれる。狭い家を選んでいるのは、あえてなんですよね。

とはいえ、お金はもちろんあったほうがいいに決まっています。お金で避けられる不幸もたくさんありますからね。

また、どうせ「お金持ち」を目指すなら、お金を手に入れた先でどんな未来を手に入れたいのか。そもそも、なぜお金持ちになりたいのか。そのお金で誰を幸せにしたいのか。そのビジョンを現実的に考えておくのがいいでしょう。

いやお金に限らず、人間関係においても、仕事においても、「なぜ、それを求めるのか？」をはっきりさせておくことはすなわち絶対的な幸せを探すことになります。

そして、その答えは、自分の中にしかありません。

だからこそ、僕は幸せになるために霊視能力が必要だと考えています。

五感を研ぎ澄まして見えないものを視て、思考・想像・浄化の力を身につけ、超感覚を霊視能力に引き上げる。こうやって自分を知り、自分の本当の願いや自分の好き嫌いを明確にしていく。

その結果、自分だけの絶対的な幸せが見つかるはずです。そうです。他人と比べた相対的な幸せではなく、何があっても揺るがない絶対的な幸せが。

与えられることを
与えきった人だけが成仏できる

　また、自分のことを繊細に感じ取れるようになると、相手のことも繊細に感じることができるようになります。

　そして、自分の人生に重みを感じられるようになると、相手にも同じ重さの分だけ人生があることが分かります。

　この状態って、かなり絶対的に「幸せ」に近づいていると言っても過言ではないと思っています。

　だって、大切な人が幸せなことって、どんな幸せよりも絶対的なものだと思うからです。家族や友人、または恋人が、笑顔でいてくれたら、それって嬉しいじゃないですか。

　逆に大切な人が、しんどい状況だったり、あからさまに不幸な状況に陥っていたりしたら、自分がどれだけ幸せであっても、それは幸せだと思えませんよね。

　そういう意味でもやはり、霊視能力は必要なのです。

　他者との関係を築くのに……つまり、相手の気持ちを読み解いたり、相手の願いを 慮 ったりするのにも霊視能力は一助になるか

らです。「私のことを分かってもらえた」という気持ちは、その人を幸せにします。

そして、自分の愛する人が幸せなら、自分自身も一生幸せです。

突然ですが、みなさんはどんな人があの世へ成仏できるか分かりますか？

その答えは、人のことを思い、与えられることを与えきった人だと思います。

反対に、成仏できない人は、独りよがりで自己愛が強くて、強欲な人です。

与えられるものがその手にいっぱいあるのに、もったいぶったり、与えずに死んでいったりする人は、成仏せずに「まだまだ足りない気持ち」がこの世に残ってしまう。こうしてその残留思念が、彷徨い続けるわけです。

何も持たずに生まれた僕たちです。結局、何かを持って帰ることは不可能です。

潔く、そしてとことん、1人でも多くの人を幸せにしましょう。それこそがあなたの幸せにも繋がります。

Special

幽霊が
視たい
あなたへ

For those who
want to see ghosts.

For those
who want to see ghosts.

霊なんて
視えないほうがいい!

霊視芸人をしていると、案外「霊を視てみたい!」という声が多いことに驚きます。

ただ……、これだけは言っておきたいのは、

霊が視えて良かったことなんて、ほぼありません!

だから、章タイトルに「霊が視たいあなたへ」とつけておいて申し訳ないのですが、霊なんて視ないほうがいいです。気持ち悪くなったり、行方不明でご家族が捜索願いを出されているけど、実はもう……っていうのが分かったり、好きな子に変な霊がついていることが分かったり……散々です。

あと、普通に道を歩いているだけで、正面から結構なスピードで霊が突っ込んでくることも。1人で勝手に「ビク──!」となっている時は、大抵、この現象が起こっています。だから、他の人に不審がられるのは日常茶飯事なんです。

では、そもそも霊は鍛えたら視えるようになるかって話ですが……、これは、残念ながら後天的に視えるようになることは、難しいです。それでもどうしても「視たい」って方のために、霊の見た

目だとか、霊がそばにいると起こりやすいことだとか、霊が出やすい場所を少しだけお伝えしますね。今からお伝えすることを知ってもらうと、霊が視えなかったとしても、霊視能力の高まっているみなさんなので感じるくらいなら、できるかと思います。

では、まず霊の見た目について。

ほとんどの霊が見た目は普通の人間です。

顔も生きている人と同じ肌の色をしていますし、ほとんど区別がつきません。ではなぜ霊だと分かるかと言うと、やはり生気を感じないんです。冷たい感じというか……。そんな人が、大勢が集まるところに紛れていることがよくあるので、ゾッとします。

霊が出やすい場所は高確率で「汚い」です。霊って暗いところに出てきそうなイメージがあるかもしれませんが、実は明るい・暗いは関係なくて、明るい場所にも霊はいます。

ただ、汚い場所はその比じゃなくて、大量に霊に出会います。汚い場所は感染症が起こりやすかったり、中毒が出やすかったり、その中でのネズミや虫も含めて、死の総量が増えるんですよね。

その他にも、過去に同時多発的に"死"が起こった場所はやっぱり霊も出やすいと言えます。

霊を視たい人は、この辺りを目掛けて行くと出会えるかもしれません。その場合は自己責任でお願いします……。

守護霊がついているか どうかは運次第!?

　霊は大きく分けて、2つの種類がいます。1つは、生きている人が放っている「生き霊」。言い換えると人間の「念」のようなもので、僕には白黒の砂鉄のように視えています。

　これまでみなさんが視えるようにトレーニングしてきたのは、まさにこの生き霊です。

　そして、もう1つは、亡くなった人の霊である「死霊」。いわゆる幽霊とか亡霊とか呼ばれている霊です。僕が視えている死霊は、不成仏霊・背後霊・浮遊霊とかで、成仏できなくて残ってる霊ですね。ちなみに、この世に残ってしまった霊は、基本的に全部悪い霊です。

　とはいえ、霊が直接的に生きている人間に何かできるかっていうと、何もできないので必要以上に怖がる必要はありません。

ただ、精神的・肉体的に弱っている人は注意が必要。

　死霊の最も怖い性質は、"弱っている人を死に誘うこと"。

　ね、だから視えないほうがいいんです!

また、霊視できるっていうと「私には守護霊がついてますか？どんな人ですか？」とよく聞かれます。

　ですが、残念ながら僕には守護霊を視ることはできません。基本的に守護霊は成仏し終わって高いところである"向こうの世界"から、その人のことを見てくれている存在なので、僕には視えないんですよね。

　でも分かるのは、守護霊がついている人は人生全体が豊かだということ。これはお金持ちだとかそういうことじゃなくて、自分の人生に満足しているってことです。自分の人生に満足している人は、幸福度が非常に高いんです。

　そういうと「守護霊欲しいー！」って思う人も多いと思うんですが、守護霊が後天的につくことはありません。

　それは守護霊って、自分自身が良い行いをすればつく、ということではなくて、自分のご先祖様が守護霊になれるほど良い行いをしたかどうかが鍵だからです。

　つまり守護霊がついてる、ついてないは運です！

　だからこそ、僕はこの世を去った後に、誰かの守護霊になれる生き方をこの世でしたいと思っています。それこそが死んだ後の目標です！（笑）

これって、もしかして悪い霊の仕業？

　さて、先ほどは「霊なんて視えないほうがいい！」とお伝えしました。ですが、とはいえ「霊を避ける方法」くらいはみなさんには知っておいて欲しいと思っています。

　だって、「なんか最近うまくいかないなあ」と思ったとして、それがもし霊の仕業なら、自分のせいにするのはもったいないじゃないですか。

　というわけで、「その災いが、霊の仕業なのかどうか」。その判断基準をみなさんにご紹介したいと思います。

　まず、一番分かりやすいのが、「肩がゾクゾクしたら要注意」というものです。ゾクっとする時、まずはなんと言っても、肩がこわばったり、すくんだり、この部分に反応が起こります。

　それくらい、人の身体の中でも特に「肩」というのは、感度が高い部位だと言えるんです。

　よく「誰もいないのに肩を叩かれた気がした」なんて声が多いのも、やはり肩が感じやすいからです。なので、肩が危険信号を出しているなと思ったら、避けるが吉です。

また、誰も通ってないはずの改札や自動ドアが突然開いたり、カメラのピントが急に全然合わなくなったり、それまで普通に動いていた機材が止まったり、目覚まし時計が鳴らなかったり……。

　そんな怪奇現象が身近に起きたら、それも霊の仕業である可能性が高いでしょう。

　また、霊が近くにいると、電子機器が誤作動を起こしたり、壊れたりするというのは、霊視者の間では常識です。

霊は電磁波を好む傾向があるからです。

　心霊スポットのロケで撮影機材が急に止まったり、心霊写真が撮れてしまったりする理由もこれです。電磁波の中に、幽霊が混ざってしまうんですよね。

　そういう意味で、「電子機器の不具合」というのは、幽霊がいるかどうかの1つの判断基準になるでしょう。

　例えば、急にスマホの電波が入りにくくなったり、画面をタップしても反応しなかったり、スワイプの動作が重かったり、写真に変なものが写ったり、動画に変な声が入ったり。

　こんな時は、要注意です！　今いる場所を離れたり、そばにいる人から離れたりしましょう。

今すぐできる
2つの除霊法

　さて、霊を感じる方法が分かり、避けた方がいいものも分かった今、みなさんはこう思っているはずです。「そもそも霊がついてしまったら、どうしたらいいの!?」と。

　そんなみなさんのために、「もしかして、霊がついている？」と感じた時や、「なんとなく悪いことが続くなぁ」と思った時に、実践して欲しい除霊方法を2つ、ご紹介します。

　今すぐできる除霊方法の1つ目は、塩風呂・酒風呂に入ること。

　お湯を張ったお風呂に、塩またはお酒（日本酒）を入れて浸かります。塩風呂は5章の霊視能力をビンビンに鍛える習慣術でも触れましたが、霊を浄化する効果があります。

　また、お酒は日本では古くから穢れを清めるために用いられてきました。米は生命力の源泉と考えられていて、その米から作られるお酒には、「死を遠ざける力」があるとされてきたからです。

　霊がついていると身体が重く、だるさを感じることが多いので、塩風呂・酒風呂に入ることで、身体の感覚が変わるか、自分自身の

五感をフル稼働させて感覚の変化を感じ取ってみてくださいね。

　ただそうは言っても、たった一度の塩風呂・酒風呂で完全に除霊できることはありません。ですから、身体の感覚を感じながら「嫌な感じが身体から抜けたな」と思えるまで続けてみてください。

　そして、今すぐできる除霊方法の２つ目は、氏神様に通うこと。

　氏神様とは、自分が住んでいる家の一番近くの神社のこと。できれば、その神社に祀られている神様の名前を確認し、どんな分野の神様なのかを把握しておきましょう。

　さらにどういう謂れでその神社が作られたのかも調べておくと、なお良いでしょう。

　またお参りの方法も重要です。お賽銭を上げる際に、願い事はせずに、神様の名前を呼びかけ、自分の住所と名前を報告し、「ありがとうございます」と日々の感謝を伝えます。声に出してももちろんいいですが、心の中でつぶやくだけでもOKです。

　神社参りをすると清々しい気持ちになるのは、憑き物が取れるからです。

また、神社は気が元に戻る場所。

　つまり"元気"な状態に戻してくれる場所なんです。本来、人はみな"元気"なんですが、生きているうちにどんどんマイナスの状態になっていきます。そんな状態を、神社はゼロ（元）に戻してくれる場所なんです。

「死」があるから
「生」を大切にできる

「霊との付き合い方」をここまでご紹介してきました。せっかくなので最後にそもそも自分たちが死んだ後、「霊にならない生き方」というのをみなさんにお伝えして、この章を終えたいと思います。

　僕たちって「死」を極端に怖いものだと思い込み、否定しすぎる面があります。つまり、生き続けることだけがすごいことだと。

　しかし、「長く生き続けること」だけがもしも幸せと言うなら、幼くして亡くなった子たちはみな不幸なのでしょうか？

　……僕はそうは思いません。

　だって、「死」があるから「生」の意味＝生きている意味が見えてくると言えるから。

　例えば、絶対に壊れない人形があったとします。

「壊れないなら適当に扱ってもいい」と言わんばかりに、その人形って大切に扱われることはないと思うんです。

「終わりがある」と知っているから、大切にしたいと思える。

そういう意味で、「死」があるから「生」を大切にできるんですよね。そしてだからこそ、「死」を必要以上に怯えて生きたり、「死」を否定して生きたりすることは、霊としてこの世を彷徨う可能性を引き上げてしまいます。

だって、何度も言うようにそれは「生」を大切にしていないということだし、人生を生き切ったとは言えないからです。

僕らはもう少し、「死」をプラスに捉えていいと思うんです。

どうせいつか死ぬ。だったら、そんなに死ぬことばかりに囚われず、今を必死に生きよう！　生きているうちにしかできない楽しいことを１つでも多く経験して、あの世へ行こう！

……そんなふうに、「生」を謳歌することが、成仏できる最大の近道です。あの世に行ったら、今僕たちがしていることは何１つできません。働くことも、ご飯を食べることも、恋愛することも、何もかもできないんです。

ぜひ、「生きていること」を謳歌してください。

ぜひ、あなたという一度きりの人生をこれでもかと楽しんでください。

僕も、これから大変なこともあるだろうけど、たくさんの人を笑わせたり、驚かせたり、この「シークエンスはやとも」という肉体をフル活用していきます！

おわりに

　世間が「霊視能力」に抱くイメージって、「怪しい」とか、「怖い」とか、そんなネガティブな印象が強いと思います。

　だけど、ここまで読んだあなたならもうお気づきのはずなんです。霊視能力は、人をより深く愛するために必要な能力だって。

　相手がどうして欲しいかを知るために。

　そして、相手との見えない繋がりを持つために。

　さらに言うと、傷ついた相手を励ますために。

　霊視能力はそんなふうに、大切な人を大切にするための能力なんだと、僕は考えています。

　2023年、我が家に1人目の子どもがやってきてくれました。

　それはもう目に入れても痛くないほど可愛い赤ちゃんでした。

　ただ赤ちゃんって、可愛いだけでは済まされない部分があります。多くの親が苦しめられるのが、赤ちゃんの「夜泣き」ですよね。しかし驚かれるかもしれませんが、実は僕たち夫婦は、赤ちゃんの夜泣きで苦しんだ記憶がほとんどありません。

　これは赤ちゃんが泣かなかったわけではなく……、すぐに泣き止ませることができたからなんです。

赤ちゃんって、「泣いている理由」が明確にあって、その理由さえ解決できたら泣き止むんですよね。

　そして、その時に有効活用したのが、「霊視能力」です。

　この力を駆使しながら赤ちゃんをじ──っと観察して、ミルクが欲しそうであればミルクをあげたり、姿勢が辛そうなら姿勢を変えたり、そんなふうに赤ちゃんの欲求に応えた結果、目立った夜泣きもなく、家庭内の平和は保たれました。

　この話を思い出すとやはり、「霊視能力」がどんどん世間に広まって欲しいという思いはさらに強くなります。やっぱり、霊視能力は「愛する力」だと思うから。

　"特別"だと思われている霊視能力を、ここまで具体的、かつ後天的に身につける方法を再現性高く書いている本は、他にはないんじゃないかと自負しています。

　だからこそ、この本を1人でも多くの人に届けたいんです。

　みんなが、この本をきっかけにして、愛する人をもっと愛せますように。そして、相手の欲する優しさが視えますように。

Sequence

シークエンスはやとも

1991年生まれ。

吉本興業所属の"霊が視えすぎる"芸人。

iPadで行う「生き霊チェック」による霊視が話題となり、多くのテレビ番組に出演し反響を呼ぶ。

近年は、活躍の場をYouTubeにも広げ、登録者数36万人を超える人気チャンネルを運営。

「心霊に恐怖する時代は終わった」をモットーに、霊に興味がない人にも分かりやすく、心霊話や霊視から見えてきた「幸せな生き方」についてアドバイスする。

主な著書に『ヤバい生き霊』（光文社）、『近づいてはいけない いい人』（ヨシモトブックス）などがある。

Hayatomo

カバーデザイン	三森健太（JUNGLE）
本文デザイン・DTP	荒井雅美（トモエキコウ）
編集協力	やなかえつこ（＆U）
カバーイラスト	ネルノダイスキ
本文イラスト	meeg
写真	長谷川裕之
ヘアメイク	河原田あづみ（LYON）
校正	鷗来堂
編集	岸田健児（サンマーク出版）

霊視ができるようになる本

2024年5月30日　初版発行
2024年6月15日　第3刷発行

著 者	シークエンスはやとも
発行人	黒川精一
発行所	株式会社サンマーク出版
	〒169-0074
	東京都新宿区北新宿2-21-1
	☎ 03-5348-7800
印 刷	株式会社暁印刷
製 本	株式会社村上製本所